LES APHRODITES

ou

FRAGMENS,
THALI-PRIAPIQUES.

LES APHRODITES

OU

FRAGMENS THALI-PRIAPIQUES,

POUR

SERVIR A L'HISTOIRE DU PLAISIR.

... Priape, fouriens mon haleine...
PIRON, *Od.*

N°. VI.

A LAMPSAQUE.

1793.

FRAGMENS.

I. L'AMITIÉ A L'EPREUVE.   P. 1
II. COMME ILS SE CONSOLENT!   15
III. IL N'Y A PLUS D'ENFANS.   38
IV. QUEL POT-POURRI!   57

LES APHRODITES.

L'AMITIÉ A L'EPREUVE.

PREMIER FRAGMENT.

La Scène est aux bosquets anglais dans un joli Pavillon fort enrichi de glaces & qui en tire son nom.

CELESTINE, FRINGANTE.

CELESTINE,

(*A moitié pâmée à la suite d'un petit-doigt-de-cour très vif que Fringante vient de lui faire :* — Ha! d'où revient-on!.... (*elle l'embrasse.*) Il faut avouer que tu fais cela comme une divinité. Voyons si j'aurai le même succès...

FRINGANTE, *refusant.*

Grand merci : quand je suis assurée de quelque chose de plus solide, je ménage volontiers ma poudre...

CELESTINE, *d'un ton badin.*

Vous êtes charmante ! crois-tu donc, Mademoiselle, que t'amuser avec moi, ce soit la tirer aux moineaux ? je suis ta dupe, Fringante : tu ne m'aimes pas autant que je t'aime.

FRINGANTE.

Vous êtes une ingrate, Célestine : tu dois être bien intimement convaincue de ma tendresse pour toi... Cependant, si pour t'en assurer mieux, il faut te laisser prendre la petite peine que je voulais t'épargner...

CELESTINE.

Comme ce compliment est tourné ! c'est donc une *petite peine* que Mademoiselle vient d'avoir à l'instant. — (*En parlant elle a troussé Fringante.*)

FRINGANTE.

Il est plus aisé de céder que de te faire entendre raison. (*a*)

Elle se résigne : Célestine au lieu de se borner à rendre le *doigt-de-cour*, renverse pétulamment Fringante & la *glottine* avec une tendre fureur...

―――――――――

(*a*) C'est ce que pensent avec bien du bon sens, les trois quarts des femmes, quand on les a tourmentées pour choses qui d'ailleurs ont de quoi les amuser.

FRINGANTE.

Tiens... tiens... délicieuse coquine... pour le coup... tu ne douteras pas... (*Elle n'a plus la force d'achever.*)

A mesure que Fringante s'empassionne, Célestine redouble d'ardeur. On entend celle-ci murmurer (dans son attitude si propre à étouffer la voix) de ces mots *foux* qui décèlent qu'en donnant du plaisir, elle en goûte infiniment.

FRINGANTE, *ressuscitant.*
Quelle folie !

CELESTINE, *se rinçant la bouche.*
On sait du moins à quoi s'en tenir ?

FRINGANTE.
Si j'avais été méchante, j'aurais eu bientôt fait de rabattre ton beau transport...

CELESTINE.
Comment cela ?

FRINGANTE.
Je t'aurais dit qu'un moment avant de venir te joindre ici, Trotrignac, par un coup bien tapé, m'avait fait à la volée ses adieux dans le corridor. Mais rassure-toi : la plus ample toilette a passé l'éponge sur cet impromptu.

CELESTINE.

N'importe : si je m'en étais doutée... Mais tu badines ? tout de bon il te l'a mis ?

FRINGANTE.

Tout à l'heure. Dur comme fer, chaud comme braise.

CELESTINE.

Tu me désoles.

FRINGANTE.

C'est pourtant quelque chose d'étrange que ton aversion pour cet homme-là ! Par quel motif ?

CELESTINE.

Je serais bien embarrassée de le dire.

FRINGANTE.

Il est bien fait.

CELESTINE.

Pour un porteur de sacs.

FRINGANTE.

Il est gai...

CELESTINE.

Comme un manant.

FRINGANTE.

Il a un talent...

CELESTINE.

Oui, sans doute. J'ai failli même en faire une rude épreuve... (*a*) Cependant tout *bien*

(*a*) Voyez ce qui est dit à ce sujet dans le premier Numéro de ce second volume.

fait, tout *gai*, tout *homme à talent* qu'il eſt, & quoique j'aye le démon de la *fouterie* (a) délayé dans mon ſang, je renoncerais à la choſe, s'il n'y avait ſur la terre que des Trottignacs.

FRINGANTE.

Ta ſœur le voyait avec des yeux bien différens.

CELESTINE.

Oh! ma ſœur : elle *foutrait* avec le diable...

FRINGANTE.

Et moi de même.

CELESTINE.

Mais laiſſons-là ce vilain homme ; le voilà, grace à Dieu, déniché de l'hoſpice pour n'y rentrer jamais. Avoue pourtant qu'il y a des gens bien heureux ?

FRINGANTE.

Eſt-ce de toi, ou de lui que tu parles ?

CELESTINE.

C'eſt de lui. — Trouver ainſi quatre folles encore jolies, riches, libérales, d'humeur à ſe cotiſer pour lui faire un ſort fixe de cent louis, l'entretenant d'ailleurs de tout. Voilà

_____

(a) Quoiqu'en général un peu plus circonſpecte que ſa ſœur, Céleſtine cependant s'oublie par fois : il faut le lui pardonner.

de ces aubaines qui ne tomberaient pas à un galant-homme...

FRINGANTE.

Ou plutôt qu'un galant-homme n'accepterait pas. Comment nomme-t-on ses peu délicates bienfaitrices ?

CÉLESTINE.

Mesdames de la Motte-Pertuis, de la Rigolière, de Vitamie & de Confort. Le contrat est en bonne forme : elles émigrent.

FRINGANTE.

Le Quidam les suit, m'a-t-il dit, en qualité d'*Ecuyer*.

CÉLESTINE.

C'est-à-dire de premier domestique, car tout cela n'est que robe & haute finance, quoiqu'en fait d'hommes, elles faufilent avec la cour.

FRINGANTE.

Ahye, ahye ! pour peu qu'elles soient accoutumées aux gens du bon ton, le Trottignac jouera bientôt près d'elles un sot rôle...

CÉLESTINE.

Il va les ennuyer à périr, le jour, tout au moins. Pas l'ombre de savoir-vivre ! point de culture ! il s'énonce comme un valet, & crie !...

FRINGANTE.

C'est assez le ton de la Province, de la sienne surtout.

CELESTINE.

Si la métempsycose n'était pas une rêverie, je gagerais qu'il fut jadis un baudet.

FRINGANTE.

Il en conserve d'assez beaux échantillons : mais cessons, si tu veux, de parler de lui, puisqu'il n'a pas eu le don de te plaire...

CELESTINE.

Je n'étais pas la seule. Le *Pot-de-chambre* (a), c'est tout dire, n'a jamais pu se résoudre à le souffrir autrement qu'en levrette. Elle prétend que ce masque, à beaux traits, mais qui n'exprime que de la bassesse de sentimens & de la bête ironie, la glaçait toutes les fois qu'elle s'oubliait à le considérer.

FRINGANTE.

Le *Pot-de-chambre* rafiner! c'est à quoi l'on ne s'attend guères. je crois bien la valoir, moi; cependant je te jure qu'un homme quelconque, pourvu qu'il soit sain, propre, & n'ait point de mauvaise odeur, peut m'apporter tel visage que la nature aura trouvé bon de lui départir; il me trouve toujours inaccessible aux petites répugnances. Disons la vérité, ma chere Célestine, tout homme qui passe vingt-cinq ans, n'est-il pas, comme

———————————

(a) Utile & peu difficile personne dont il est parlé page 17 du troisieme numéro du premier volume.

visage, assez communément laid? Ces traits marqués, cette barbe, ces muscles, ces détails prononcés qu'on nomme *belles proportions* qui donnent *l'air mâle*, avoue que tout cela n'est beau que par convention d'abord, & puis surtout par comparaison? Que m'importe à moi! je ne vois dans un homme que la mécanique nécessaire à faire végéter & se mouvoir, ce dont toi & moi faisons tant de cas. (*a*) Ce *bon-morceau* qui fait l'homme, n'est (pour moi du moins) que comme la chair de ces pâtés renommés dont la croûte n'est nullement prisée.

CÉLESTINE,

Je ne suis pas de ton indifférence, pour la croûte, moi qui certes, fais bien la même estime du pâté : mais sais-tu bien qu'on remarque ici des effets fréquens de ta bisarre morale? on s'est plus d'une fois plaint que dans tes rapports en qualité d'*essayeuse* (b), tu ne rends qu'un compte sec *de la chose*, & ne dis jamais un mot du plus ou du moins de mérite de la *maniere* ?

(*a*) Ce principe est un peu dur, & Mademoiselle Fringante nous y donne l'idée d'une étrange espece d'*égoïsme*.

(*b*) On se souvient que Fringante est pour cet objet en partage avec Célestine.

FRINGANTE.

Je m'en garderais bien... D'abord, outre que le prix de toutes ces petites formes dont je comprends que tu veux parler, hausse ou baisse au gré du caprice ; c'est au *solide* qu'on doit s'attacher pour le véritable intérêt de l'établissement. Il est question d'y savoir combien Monsieur un tel *porte*, comment il *bande*, combien il *fout* : impartiale, je manège l'individu tant bien que je puis, & je dis ensuite de bonne foi quel est son *produit-net*. C'est d'après cela, ma chère Consœur, que pas un de mes essayés n'a dupé l'Ordre, tandis que plus d'un des tiens t'ont mérité de vertes réprimandes.

CELESTINE.

Mais sais-tu bien que c'est m'en faire une! Voudrais-tu m'accuser de remplir moins bien que toi les devoirs de notre commun emploi?...

FRINGANTE.

Tu caves au plus fort. Certes, mon dessein n'est pas de te désobliger; mais je crois pouvoir avancer que tu es trop bonne, & que tu tiens trop de compte aux *capricieux* des détails qui peuvent t'amuser. C'est toi nommément qui nous as infectée d'une légion de *revireurs*... Celles de nos belles Dames, qui n'ont pas ton fichu goût, tremblent d'avance pour leur derriere, quand elles voyent *balotter* (a) quelqu'un des *essayés* de l'ambidextre Célestine...

CÉLESTINE.

En revanche celles de mon bord, c'est-à-dire, *qui aiment tout*, ne s'attendent qu'à de la grosse & simple besogne de la part des *recommandés* de Mlle Fringante. Cela ne revient-il pas au même ?

FRINGANTE.

D'accord.

CÉLESTINE.

Sais-tu que c'est à moi qu'on a l'obligation d'avoir repêché ce joli Grand-Vicaire que tu avais jetté hors du réservoir, parce que le jour de ses preuves il avait débuté par deux préludes, dans lesquels on fait pourtant aussi parade des talens ? & parce que, croyant bien faire en te démontrant qu'il s'entend également bien à tout, il avait, sitôt après la premiere accolade, essayé de te le mettre de l'autre façon. Tu te fâchas, tu lui dis net *que ce n'était pas ce qu'il fallait à l'ordre* : tu rompis la séance & le pauvre diable fut rejetté ! Par bonheur il avait parmi les *affiliées* des amies qui revinrent à la charge & répondirent de lui : son *bon droit* mieux appuyé fut pris en considération sur nouveaux fraix. Ce

―――――――――――――――

(a) Ici, cela veut dire *passer au scrutin*.

Monsieur-là se trouva capable d'aller à six & sept : la forme exigeait qu'il subît de rechef un *essai*. Tu comprends bien qu'il tâcha pour-lors de tomber dans ma semaine : en trois heures, il me le *mit* six fois à la françaife, avec variété de posture : jolis entr'actes, en un mot, toute la science des *ruelles petites maîtresses*. Mais il se gardait bien de tomber dans la faute qui lui avait attiré ton improbation... Cependant, à travers mille caresses, il ne pouvait s'empêcher de dire à mes collines les plus jolies choses du monde, & même de les baiser en soupirant. ,, *Est-ce là tout le bien que vous leur voulez ?* ,, lui dis-je en riant sous cape : le dernier mot venait à peine d'échapper.... déjà le comble était mis à la louange... Il reçut de ma part une belle attestation... A la plus prochaine assemblée, il fut remis au scrutin : il y eut bien encore quelques boules noires, tant les préventions portent malheur. Mais Mad. de l'Enginière (*a*), Mad. de Fiere-Motte, Mad. de Frais-Sillon

---

(*a*) Mad. de l'Enginière avait tenu parole, comme on voit. Dès qu'elle se fut soumise aux réglemens contre lesquels sa hauteur avait d'abord regimbé, (Voyez le premier numéro du premier volume) on la reçut avec transport, & la voilà déjà chargée des commissions de confiance. Cette belle Duchesse avait bien été devant son jour !

& la petite de Condoux furent nommées Commiſſaires : chacune lui donna un jour ; toutes furent enchantées & viſèrent mon atteſtation avec éloge. Pour lors il fut reçu tout d'une voix, mais on te déroba la connaiſſance de cette réviſion pour ne pas te faire de la peine : il ſe trouve aujourd'hui que ce Grand-Vicaire eſt à la mode, & que nos friandes meurent d'impatience qu'il ait achevé les Matrones (*a*) pour avoir le plaiſir de s'en donner avec lui.

(*a*) Tout récipiendaire au deſſous de 30 ans eſt obligé de couler à fond la première claſſe, c'eſt-à-dire celles des *vieilles*. A l'époque de cette réception dont on parle, il y avait dix-neuf quadragénaires, dont la doyenne eſt encore Mad. la Préſidente de Con-bannal, âgée de 51 ans : la plus jeune, Mad. de Reſtezy, venait alors de completter ſon huitième luſtre. — A ces deux *extrêmes* de la liſte, le nouveau reçu doit *tous les devoirs à diſcrétion*, mais pendant un ſeul jour, pour chacune ; avec les autres, il en eſt quitte pour un ſeul hommage au choix de la Dame. Une condition plus dure eſt de paſſer parmi les *Villettes*, les 4 jeudis du premier mois de ſon exiſtence dans l'Ordre, mais il s'en trouve diſpenſé, ſi quelque Dame, de ſon propre mouvement, daigne l'occuper ces jours-là, ce qui arrive toujours pour peu que le perſonnage intéreſſe. Au ſurplus, s'il ſe trouve convaincu, ſoit d'avoir ſollicité, ſoit d'avoir, par quelque manœuvre, éludé l'invitation d'une Dame moins agréable, pour ſe faire inviter ailleurs,

FRINGANTE.

Grand bien lui fasse. Je t'avoue que dans le tems je fus un peu piquée de voir reparaître mon abbé, me faisant un peu la nique, mais pourtant plutôt galamment qu'avec humeur. Et c'était toi, Mademoiselle, qui m'avais valu cette petite mortification ?

CELESTINE.

Comme tu le dis : mais en tout bien, tout honneur. J'espere cependant que nous n'en serons pas moins bonnes amies ?

FRINGANTE.

Il faudrait bien d'autres griefs pour me brouiller avec toi.

CELESTINE.

Avoue donc que chacune de nous a ses petites préventions, & que la mienne qui

---

non-seulement le frere intrigant n'est plus *rachetable par les femmes*, mais *il tombe aux parties casuelles*, c'est-à-dire (chez les *Aphrodites*) qu'il est, pour tous les jeudis de sa premiere année, dévolu aux *Andrins* : or, presque tous ces *exécuteurs de la moyenne justice de l'Ordre*, se piquent d'être inexorables. — Pour lors, il n'y a plus qu'une ressource, c'est de recourir à MM. de Ribaudaise, Trougalant, abbés Cudouillet, du Fauxçon & autres jeunes habitués, qui, moyennant une modique gratification, se sacrifient pour le pauvre condamné. — On trouvera sans doute fort sages ces réglemens qui pourvoyent *pour* & *contre* à des intérêts qu'il était difficile de concilier.

ne rabaisse qu'un Trottignac, est beaucoup moins au désavantage de l'Ordre que la tienne qui faillit le priver du charmant abbé Dard'amour ?....

Ici l'entretien est interrompu par trois personnes attendues, & qu'amene la Négrillonne Zoé.

COMME ILS SE CONSOLENT!

SECOND FRAGMENT.

La Scène est au même pavillon des glaces.

UN PRÉLAT (a), L'ABBÉ DARD'A-MOUR (b), LE MARQUIS DE FESSANGE, CELESTNE, FRINGANTE ET ZOÉ.

CELESTINE, *allant au devant du Prélat.* Arrive donc: (*elle l'embrasse.*) Nous nous

---

(a) LE PRÉLAT. 34 ans: brunet appétissant, jolis traits, formes rondes, santé fleurie, petites manieres pleines de graces féminines: grasseyement peut-être plus étudié que naturel: ton béat qui résulte du facile amalgame d'une indomptable luxure avec une indispensable hypocrisie. (*à peine 7 pouces.*)

(b) DARD'AMOUR. 27 ans. Moins matériel que le Prélat: reste de manieres militaires, car le personnage a commencé par servir. Il n'est pas moins morfondions en attendant ici ta Grandeur. ⹀ *Dard'amour & Feſſange s'empreſſent de mettre à la portée du Prélat un fauteuil dans lequel il s'établit mollement. Céleſtine ſe place ſans façons ſur ſes genoux.*

LE PRÉLAT.

Bon Dieu : c'eſt que ze ne pouvais me réſoudre à me mettre en voyaze pour me rendre ici. Z'étais frappé de l'idée que les yeux de tout Paris pénétraient à travers les panneaux de la voiture, & qu'on devinait que ze me rendais en ce lieu.

Pendant cette tirade, Dard'amour, par les plus jolies manieres, a tâché de ſe mettre bien avec Fringante; il réuſſit : de ſon côté, Feſſange (*a*) *fait le galant auprès de Zoé.*

───────────────

luxurieux que Sa Grandeur, mais il n'a pas encore aſſez l'eſprit de ſon état pour ſentir la néceſſité de jouer l'hypocrite. (*8 pouces forts & de bonne qualité.*)

(*a*) LE MARQUIS DE FESSANGE (le même qu'on a nommé page 76 du quatrieme numéro du premier volume.) Jeune blondin de la plus jolie figure, ſans caractere, capable de tout, faute de principes & par faibleſſe. Manquant de fortune, il eſt commenſal du Prélat, à titre de neveu à la mode de Bretagne. Il eſt encore, ſous un autre rapport, l'allié de Sa Grandeur, & de Dard'amour au même degré.

CELESTINE,

CÉLESTINE, *au Prélat*.

Quelle folie!

LE PRÉLAT.

C'est *affeter cer* le plaisir que d'avoir tant de peur à le venir *cercer*.

CÉLESTINE.

Oublie tout cela chez nous, mon bel ami. (*Elle le baise.*)

LE PRÉLAT.

Ze ne vois pas ici la *cère* Durut?

CÉLESTINE.

Mon cœur, elle est à Paris depuis hier soir; je l'attends à toute minute, car elle est bien nécessaire quand je suis moi-même occupée au dehors.

LE PRÉLAT.

Plains-moi bien, *farmante* Célestine. *Z*'ai passé la plus mauvaise nuit de ma vie. Il faut que *z*'aye eu le malheur d'emporter quelque puce de chez Mad. de Vadouze qui m'a fait tenir son *cien* pendant une heure sur mes *ze*noux: *ze* me suis senti tourmenter comme un damné pendant la nuit entière. Mon valet de *fambre* n'a *zamais* pu trouver dans les draps le *méçant* animal. *Z*'en ai presque eu la fièvre... Heureusement vers le *zour*, *ze* me suis endormi, mais *ze* suis stigmatisé de la tête aux pieds, c'est à faire compassion.

CELESTINE, *le baisant.*

Petit Roi, voila ce que c'est que d'être sensible...

LE PRÉLAT, *soupirant.*

Ah ! que dis tu !...

CELESTINE,

Qui depuis quelques instans s'est négligemment amusée du boutejoye de sa Grandeur. — Mais en effet, je pourrais m'être trompée. Comment, Monsieur ! il y a un siecle que je caresse cette breloque, & voilà comme elle y répond !... Libertin ! je gage que tu n'as pas eu toujours sur tes genoux le chien de Mad. de Vadouze. Voilà bien le plus triste lendemain de nôces que j'aye vu de ma vie... (*l'embrassant*) Monsieur le Saint ? voulez-vous bien *bander* ?

LE PRÉLAT, *s'animant un peu.*

Tu vois que cela vient, petit çou (*pour chou.*) En attendant il faut que ze me zustifie. Ze te zure que z'ai ramené la Vadouze d'une maison, soupé & veillé avec elle, sans que z'aye à me *reprocer* le plus petit *pécé.* Elle est tout en train d'un nouveau zoquey presque *hors d'aze* qu'elle vient de se donner... pour moi, ze lui ai conseillé de faire tout de suite de cet égrillard un *Sasseur.*. Elle en rafolle : n'a-t-elle pas voulu que ze visse comment il la sert ! Z'ai eu la complaisance de contempler tout l'ezercice. Le drole est fort au fait, il n'a pourtant zamais fervi que des femmes de robe, mais elles commencent à en favoir auffi long que celles de cour. Eh bien, ma sère Céleftine, z'ai vu tout cela fans me fentir, & z'avais la bonté de garder le *cien* qui voulait à tout moment fe zetter fur l'étranzer......

CELESTINE.

Jaloufie de métier, rien de plus naturel.

LE PRÉLAT.

C'eft cela, le cien était furieux. Z'ai failli être mordu dix fois : heureufement z'en ai été quitte pour mes *manfettes*.

CELESTINE.

Mais, mon touton ? cela n'avance point. Regarde à droite, à gauche : tes acolytes fe conduifent beaucoup mieux que toi...

En effet, Fringante eft fort en gaîté, folatrant avec le brillant boutejoye du Grand-Vicaire : Feffange n'eft pas tout-à-fait en auffi grande faveur auprès de la timide Zoé, mais l'efpiègle Négrillonne ne laiffe pas de bien rire, voyant en fi beaux frais d'érection l'entreprenant Marquis, duquel fon goût ferait bien de contenter la lubrique efpérance, mais elle n'a garde de fe laiffer deviner, & même elle fe propofe de lui refufer les plus douces faveurs, à moins qu'on ne lui prefcrive de l'en gratifier. — D'où vient ce caprice ? Car

Feſſange eſt joli comme l'Amour. — C'eſt que depuis ſa malheureuſe aventure avec le Comte de Vitblereau (a), l'Adonis eſt déchu; l'on en a fait des gorges chaudes dans l'hoſpice, & Zoé ſe trouve du nombre de celles qui ne font point de grace dans leur opinion aux *bardaches-amateurs.*

LE PRÉLAT.

Aproſſez, mes enfans... Plus reſſerrés, nous ferons un meilleur effet dans les glaces. —

Il avait raiſon, les trois grouppes n'étant plus qu'à deux pieds à peu près l'un de l'autre, le coup d'œil eſt déjà bien plus piquant: ſa Grandeur pour lors, étudiant en ſilence différentes manieres de poſer les cinq mannequins qui ne ſont pas le ſien, parvient, au bout de quelques minutes, à ſaiſir un effet qui paraît l'enchanter. — Dans ce nouvel état de choſes, les trois femmes ſont nues : aux pieds du Prélat eſt la Négrillonne, aſſiſe ſur un couſſin ponceau; la bouche à portée du nonchalant engin de ſa Grandeur, & deſtinée à le *glottiner*. — A droite, Dard'amour,

---

(a) Voyez la page 76 du quatrieme numéro du premier volume.

demeurant assis & faisant face un peu de biais au Prélat, a visiblement son joujou d'amour sur les bords de celui de Fringante légérement écartée. Le mouvement de baiser en arrière donne à cette charmante créature beaucoup de grace, & met les trésors de sa gorge dans la plus avantageuse exposition. — A gauche, Fessange, étendu sur des carreaux verds & lilas, & regardant au plafond, reçoit par-dessus lui Célestine à quatre pattes, venant, à l'inverse, emboucher le bijou masculin, tandis que le sien se présente ainsi tout naturellement à la bouche de l'Adonis. Ces attitudes répétées à l'infini (dans les glaces de toute hauteur d'une piece éclairée d'en haut, & assez petite pour que les premiers objets ne soient pas trop fuyants) fournissent l'aspect d'une multitude variée pittoresquement. Après avoir joui de ce coup-d'œil pendant quelques instans, le Prélat a le caprice de l'enrichir d'une piquante singularité. Zoé n'est plus à ses pieds, mais non moins adroite que docile, elle a maintenant la tête en bas, toujours à portée du même objet : elle est appuyée de ses deux mains sur les bras du fauteuil, son corps éclipsant en sens contraire celui de sa Grandeur, qui pour lors a sur chaque épaule une cuisse de la Négrillonne. On conçoit que, de cette façon, les deux routes où la nature a trouvé bon qu'on allât chercher le plaisir, sont sous les yeux du voluptueux Prélat, s'il abaisse ses regards; & à la merci de ses baisers, s'il a cette fantaisie; à travers l'y-grec que forme ainsi l'attrayante Zoé, sa Grandeur peut aussi promener ses regards de glace en glace, & dans chacune, jouir d'un tableau diversement composé. Tout cela n'est que prélude : Fringante a la complaisance de se borner à frotter légérement son brûlant sillon avec le bout du triomphant boutejoye de Dard'amour; Célestine & Fessange se possédent de même assez pour ne pas user complettement du bénéfice de leur attitude. Il est ordonné à Zoé d'entretenir doucement sa Grandeur sans l'électriser tout de bon. — Cette heureuse combinaison dure pendant quelques minutes: pour lors l'ordonnateur se trouve au plus beau degré de roideur que lui permette l'altération un peu prématurée de ses ressorts érecteurs. — Un certain coup de sifflet que les trois femelles savent être uniquement l'annonce de Mad. Durut, ne dérange rien. Celle-ci avec son passe-partout s'introduit dans la piece....

LES MÊMES, MAD. DURUT.

LE PRÉLAT, *voyant celle-ci dans les glaces.*
Eh! bon-zour, ma sère Durut.
DARD'AMOUR.
Soyez la bien-venue, notre maman.
FESSANGE, *d'une voix étouffée.*
Honneur à l'incomparable.
MAD. DURUT, *à Fessange.*
Il a bien fait de parler, celui ci, car du diable, si je l'avais deviné sous sa coëffure. — Eh bien, mes enfans, il paraît que cela ne va pas mal.
LE PRÉLAT.
Tu nous surprends aux petits pâtés....

Pour lors il affranchit Zoé de sa posture gênante, où pourtant elle trouvait bien quelque petite douceur. Mais il la garde assise, lui donnant à couver son engin le long de sa fentine brûlante. Fessange & Célestine changent aussi d'attitude & prennent un siege. Fringante & Dard'amour restent comme ils étaient. L'entretien n'a point été suspendu.

CELESTINE.
Eh bien, Agathe, quelles nouvelles ?
MAD. DURUT.
Il y en a de toutes couleurs. — D'abord:

l'honnête Limecœur ayant pris querelle au spectacle de *Monsieur* avec un *révolutionnaire*, a couché sur le carreau son homme, & s'est sauvé la nuit avec cent louis. Notre cher Alfonse était accouru les lui offrir comme de sa poche, mais ils sortaient tout de bon de celle de la généreuse Mad. de Fieremotte qui, bien entendu, ne souffrira jamais qu'ils lui soient rendus. Entre nous, le plaisir de conserver paisiblement le bel Alfonse, moins orageux que Limecœur, a bien été de quelque poids dans les motifs de son bienfait....

LE PRÉLAT.

Limecœur! Alfonse! c'est de l'inconnu pour moi. (*a*)

MAD. DURUT,

Nous vous dirons en tems & lieu ce que c'est. Sachez en attendant qu'ils sont tous deux bien aimables, sans pourtant se ressembler. — Et puis, une grosse *finesse cousue de fil blanc* (b) qui a parfaitement réussi au bel Edmond... Votre Grandeur connaît celui-ci ?

LE PRÉLAT.

Le Prince Edmond ! infiniment.

MAD. DURUT.

Et la Baronne de Wakifuth, que le trait regarde ?

────────────

(*a*) Mais non pas sans doute pour le Lecteur ?

(b) *Phrase proverbiale que tout le monde ne connait peut-être pas ; mais on n'y perd rien.*

LE PRÉLAT.

Wakifuth! n'avons-nous pas *eu* cela, Dard'amour?

DARD'AMOUR.

Oui, Monseigneur, c'est l'abbé de...

LE PRÉLAT.

Sut: ne nommons pas les masques. — Eh bien, ma *cère* Durut?

MAD. DURUT.

Edmond, que j'ai vu se bien moquer d'un sot adorateur de la Baronne, en perd la tête à son tour. — Il lui a donné, le 15, une fête à sa petite maison du fauxbourg St Honoré: concert, souper délicieux, un pharaon pendant le bal. Les fonds de la banque étaient le montant en especes du riche legs destiné à la Baronne par l'infortuné Comte, dont innocemment elle a causé la mort (*a*). Un quidam, ci-devant valet-de-chambre du Prince, & très adroit manipulateur, taillait; cet homme avait le mot. A chaque taille deux cartes connues devaient gagner chacune quatre fois. Le Prince, de moitié avec la Baronne, pontait sur ces cartes aux vingt louis. On conçoit que ces associés ont eu bientôt fait sauter la banque. L'or évanoui, des bijoux de prix ont paru. ,, *Derniere taille:*

(*a*) Voyez page 41 du premier numéro de ce second volume.

cette montre contre trente louis...... Perdue!
— *Cette bague contre les soixante*... Perdue. — *Cent vingt louis contre ce brillant ?...*
— Le brillant à tous les diables. — Et le banquier de jouer tout au mieux le déchirement, le désespoir... Bref, maison nette : il sort furieux & de l'air d'un homme qui va se tirer un coup de pistolet. Le jeu fini, les associés partagent... = *Mad. la Baronne ? va mon gain contre le vôtre, à rouge ou noir ?....* — Le coup est fort... La Baronne hésite... ose pourtant : *rouge ?...* Elle a gagné. La coupe était sûre : dans un *talon*, qui se trouvait là comme par hasard, toutes les cartes rouges étaient au-dessous, les noires au-dessus. Quant à la galerie, tel avait gagné, tel avait perdu, sans toutefois que la supercherie du Prince eût pu faire tort à personne. — Il ne faut cependant pas qu'Edmond, en apparence si magnifique sans qu'il lui en coûte un écu du sien, se flatte de captiver par ce trait la luxurieuse Baronne. L'heureuse fortune qui vient d'arriver à celle-ci ne ferme point son cœur à l'humanité, qui lui est si naturelle. Son premier soin est de chercher l'infortuné Tailleur; elle le trouve, le console, & lui offre, à titre de prêt, tout son comptant pour qu'il revienne tenter le Sort; mais il jure, lui, que *de ses jours il ne taillera*. Cependant il ne refuse pas d'écouter les douces

raisons que la Beauté daigne opposer à son prétendu désespoir ; il se laisse persuader qu'*il faut vivre*, & pour qu'il y reprenne un peu de goût, on le comble des plus intimes faveurs, auxquelles est encore ajouté le bienfait de l'une des plus belles pieces de ses dépouilles supposées. — Comme le bien est doublement beau quand il est fait secretement, la Baronne a si bien pris ses mesures, qu'Edmond la cherche vainement partout : elle est introuvable. — Mais au bout d'une heure elle reparait...

DARD'AMOUR.

Oh, parbleu ! le trait est unique ! je veux en divertir ce soir chez....

MAD. DURUT.

Tous doux, M. l'Abbé. Ceci reste entre nous. Quoique la société fût composée de personnes toutes fort estimables, la partie doit demeurer d'autant plus secrete qu'Edmond, pour tout l'or du monde, ne voudrait pas qu'on sût dans Paris qu'on a joué chez lui.

DARD'AMOUR.

C'est autre chose.

FESSANGE.

Tu me permettras cependant, ma chere Durut, de t'observer qu'à travers cette collection de personnes fort estimables, il y avait l'héroïne elle-même, Mad. de Wakifuth ?

MAD. DURUT.

Qu'à cela ne tienne, il y avait bien auſſi votre cher ami le Comte de Vit-blereau.

Ce nom, cité par malice, rappelle cruellement au trop cauſtique Feſſange ſon humiliante aventure du bal des parieurs, Céleſtine & même Zoé ne peuvent s'empêcher de rire malignement & aux éclats. Voilà ce qu'on gagne à manquer d'indulgence quand on eſt ſoi-même dans le cas de la réclamer.

FESSANGE, *interdit*.

Prenez que je n'aye rien dit, Mad. Durut, & continuez votre intéreſſante gazette.

MAD. DURUT, *au Prélat*.

Voici pour le coup une bonne nouvelle. Je vous annonce pour la prochaine aſſemblée un travail rédigé par Culigny, & ſur l'objet duquel il a déjà preſſenti la plupart des membres des deux ſexes, dont l'avis eſt de quelque poids dans l'Ordre. Il s'agit de démontrer la convenance & même la néceſſité d'exclure de la fraternité quelques individus qui la dégradent ; c'eſt-à-dire les *Andrins*. Ils ne réſiſteront pas à un décret funeſte pour eux qui ordonnera la radiation 1°. de quiconque n'aura pas réquis une femme (comme telle) pendant l'espace de trois mois ; 2°. de quiconque ſera convaincu d'avoir pris ſes ébats avec un être maſculin âgé de plus de dix-huit ans. — J'eſpère que pour le coup tous nos fieffés gadouards vont être mis une bonne fois à la porte.

LE PRÉLAT.

Z'aime à la fureur cet arranzement. Il faut de la décence partout. Ze n'ai ceſſé de ſoutenir dans nos aſſemblées qu'il ſerait poſſible de rendre l'Ordre de ſi *bonne compagnie* qu'on pourrait enfin avouer publiquement d'en être. — Cependant dix-huit ans! c'eſt un peu court.... Voilà Feſſanze, par exemple, qui en a dix-neuf.

MAD. DURUT.

Eh bien?

LE PRÉLAT.

Z'en appelle à Dard'amour. Ne ſerait-ce pas dommaze.... hein?

DARD'AMOUR.

On pourra, Monſeigneur, propoſer quelque *amandement* (a); comme deux ou trois ans de plus.

LE PRÉLAT.

Cela me paraît fort ſaze. — Z'irai ſans faute dès ce ſoir me faire écrire sès le Vi-

---

(a) L'ariſtocratie ſe ſert au beſoin de *quelques* nouveaux termes, & qui pis eſt, de quelques-unes des *manieres* de ſon ennemie mortelle. — On pourra s'en repentir.

comte pour lui marquer mon eſtime, au ſuzet de l'important ſervice qu'il rend à la fraternité.

A travers cette preſque ſérieuſe converſation, ſa Grandeur, Feſſange & le Grand-Vicaire lui-même ont baiſſé pavillon. — Au premier moment de ſilence, Fringante, d'un ſeul baiſer, r'avive Dard'amour. — Feſſange auſſi n'a pas plutôt reçu quelques marques d'intérêt de la part de Céleſtine qu'il redevient lui-même fort intéreſſant. — Il n'y a que le Prélat qui demeure encore l'oreille baſſe ; mais la careſſante Zoé ne tardera pas à la lui faire redreſſer. Enchanté des petits ſoins qu'elle ſe donne, il la dévore de careſſes. Un bon effet, quoique lent dans ſes progrès, le prévient encore davantage en faveur de la Négrillonne.

LE PRÉLAT.

Que penſerais-tu de moi, ma *sère* Durut, ſi *ze dérozais auzourd'hui* au *prézuzé* que tu me connais contre les appas africains ? car tu ſais que *ze* n'eus *zamais* le cœur de tâter d'une Negreſſe ?

MAD. DURUT.

Monſeigneur, je dirais que vous faiſiez bien, quand vous vous paſſiez d'une choſe qui ne vous tentait point ; & que vous ferez encore mieux de vous la donner quand enfin elle vous promet du plaifir.

LE PRÉLAT.

Ze m'étais figuré que c'était abominable, une Noire! & maintenant ze trouve que c'eft farmant. — Oui, ze vais t'avoir, petite Zoé.

ZOÉ.

C'eft bien de l'honneur à moi, Monfeigneur.

LE PRÉLAT, *la baifant.*

Et, ze crois, pour moi bien du bonheur. Allons, Feffanze? Dard'amour? (*il chante.*) Tôt, tôt, tôt, battons faud, bon couraze. (a).

MAD. DURUT, *achevant.*

Il faut avoir cœur à l'ouvrage: tous répétent en chœur:

Il faut avoir cœur à l'ouvrage.

En même tems Durut s'eft hâtée de former fur le tapis avec des couffins trois efpeces de lits; Sa Grandeur va occuper celui du milieu, couchée fur le dos. Elle a la fantaifie de fe faire travailler par Zoé, d'avoir du plaifir fans fatigue: des deux côtés font jettées, Fringante fous Dard'amour; Céleftine fous Feffange. C'eft à qui s'en donnera

---

(a) Refrain du Vaudeville du *Maréchal*, opéra comique de Philidor.

le mieux. Le grouppe de Fringante avec le Grand-Vicaire est pétulant : celui de Célestine avec le petit Marquis est plus voluptueux. Quant au prélat & Zoé, l'indolence, l'art & le caprice président à leurs ébats. Zoé brûlante est aussi remplie d'amour-propre. La préférence de Sa Grandeur flatte au dernier point une petite subalterne que d'importans succès peuvent seuls dégager enfin des liens de la domesticité. — Mad. Durut après avoir joui quelques instans d'un spectacle toujours charmant, toujours nouveau pour elle, s'éclipse à la sourdine vers le dénouement de cette besogne où personne ne pense plus qu'à soi.

―――――

LES MÊMES.

LE PRELAT.

Eh bien, mes amis, comment vous trouvez-vous de vos *sampionnes* ?

DARD'AMOUR.

C'est de ce moment, Monseigneur, que j'apprends à connaître tout ce que vaut la mienne : Fringante est un trésor.

FESSANGE.

Célestine est le paradis.

LE PRELAT.

Peste soit du poliçon ! il me vole ce que
z'allais

z'allais dire de ma petite Zoé ! ze ne sais plus à présent à quoi la comparer.... si fait pourtant ; à l'enfer.

ZOÉ, *très-étonnée.*

A l'enfer, moi !

LE PRELAT, *la caressant.*

Ne te *fâces* pas, mon enfant, tu en as la *saleur.* Du reste, il n'y a point de comparaison qui ne *cloce.* (*Il la baise assez amoureusement pour la rassurer, si elle pouvait avoir quelque humeur d'un propos qu'a rendu à peu-près bête l'envie de s'exprimer avec singularité.*)

CELESTINE, *à Fessange qui lime encore.*

Nous recommençons donc ?

FESSANGE.

Aurais-tu la désobligeante envie de me laisser là ?

CELESTINE.

Non, mais....

LE PRELAT.

Célestine a raison. Il faut croiser les *zouissances.* Viens Fessanze : ze veux que tu le mettes à cette petite. Pendant la cérémonie que ze verrai bien à mon aise... (*à Célestine*) Nous nous amuserons ? Le veux-tu bien, célèste enfant ?

CELESTINE.

De toute mon ame, dès que cela peut te faire plaisir.

6. C

Déjà Feſſange eſt en devoir d'obéir avec Zoé qui, dès qu'elle ne raiſonne plus ſur la *bardacherie* de Feſſange, eſt vivement émouſtillée par ce qu'il a d'agrémens. — Tout près d'eux, eſt le voluptueux Prélat dans un large fauteuil, d'où il ne perd pas non plus de vue Fringante & Dard'amour. Céleſtine, ſur les genoux de ſa Grandeur, s'occupe ſur le champ à faire redevenir, digne du même titre, un *engin* qui a conſidérablement perdu de ſa contenance, quoique déjà deux fois une bonboniere dûment fournie de *diabolini* ait été appellée à ſon ſecours. — Cependant Fringante attire ſur elle tous les regards par un cri vif qui lui échappe... C'eſt l'effet d'une ſupercherie du Grand-Vicaire. Tandis qu'il fait ſemblant de doubler bon-jeu bon-argent avec ſa Belle, dont il a follement élevé les jambes en l'air, lui tenant les cuiſſes embraſſées contre la poitrine (attitude très favorable pour lui même & pour les autres, au plaiſir de voir ce qu'il fait) il s'eſt ſubtilement dérobé, pour heurter, ſans dire gare, à la porte au-deſſous : du train dont Fringante allait, elle s'eſt elle-même à moitié jouée le tour. Son mécompte, ſon étonnement, un petit mal, c'eſt tout cela qui la fait crier. Cependant, avec de l'adreſſe & dans une poſture ſi avantageuſe à la choſe, d'ailleurs à moitié faite, le ſtratagème réuſſirait peut-être: mais il échappe trop tôt à l'arrogant

DARD'AMOUR.
Cela me revenait. On ne m'*eſſaye plus*, ma belle enfant, c'eſt moi qui me fait eſſayer. Je fus une fois la victime de ton caprice; il s'agit maintenant d'endurer le mien.

Il ne connaiſſait pas Fringante. En premier lieu bien éloignée d'avoir, pour ce que tente Dard'amour, l'infatigable complaiſance de Céleſtine, mais ſurtout fiere, ne ſupportant pas d'être contrariée, & très aiſée à fâcher; elle ſe débat, ſe dégage, fruſtre tout net le traître Grand-Vicaire au plus beau moment, & lui donne le chagrin de tirer ſon coup en l'air.

LE PRÉLAT, *voyant leur méſintelligence.*
Eh bien, eh bien! il y a du bruit dans le *ménaze*! c'eſt *zoli* vraiment!

Fringante accourt occuper l'autre genou du Prélat, & ſe met tout de ſuite à partager gaîment l'exercice de ſa collègue. Deux doigts de chacune *émeuvent* artiſtement le boutejoye béni, qui bientôt recouvre tout ſon contingent de roideur. — C'eſt à cela que ſe paſſe le tems de la ſéance de Feſſange dans les bras de la voluptueuse Zoé. Dard-d'amour, imparfaitement heureux, marque une grande envie de se mettre en tiers, & de prendre, sur l'attrayant Marquis, une revanche de l'outrage qu'il vient d'essuyer : mais Monseigneur (qui se délecte à voir le couple *bicolor* faire assaut le plus joliment du monde) ordonne, d'un regard imposant, qu'on les laisse consommer sans trouble. — Après l'affaire :

LE PRÉLAT, *gaîment*.
Eh bien, Fessanze ? Qu'en dis-tu ?

Fessange, pour toute réponse, vient baiser avec reconnaissance la main presque féminine de son Protecteur. — Alors commence, entre les *masseuses*, une badine altercation : tour-à-tour chacune d'elles veut chasser l'autre en lui donnant un petit coup sur les doigts, & semble prétendre à l'honneur de finir seule la commotion électrique qu'elles administrent solidairement à Monseigneur. Quoique ce débat flatteur ajoute infiniment à la joie du Prélat, il ne souffrira pourtant pas qu'on lui fasse répandre à vuide son précieux élexir. == *Un moment*, continue

LE PRÉLAT.
Si z'en avais deux, mes poulettes, ze ne

serais nullement embarrassé. Mais ze le suis maintenant du soix. — Arranzez-vous : laquelle me veut ?

CELESTINE & FRINGANTE, *ensemble.*
Moi — Moi.

LE PRELAT, *transporté.*

Sarmantes ! (*il leur distribue des baisers.*) Eh bien, mes petites Reines, le sort en décidera.

Ce mot n'est pas plutôt lâché que Fringante, qui peut, en étendant le bras, atteindre Dard'amour (en arrêt & tout fier de sa tenue) lui saute au penil & en arrache une pincée de poils.

FRINGANTE, *à Célestine.*

Pair ou non ? si tu devines, Monseigneur est à toi.

CELESTINE, *sans hésiter.*
Pair ? — (*on compte : c'est impair.*)

FRINGANTE,
(*Riant & faisant à Célestine un pied de nez.*)
J'ai gagné : j'ai gagné : deniche.

Au surplus, le Grand-Vicaire n'a trouvé nullement plaisant de faire ainsi les frais de la chance. Il grimace de ce dont les autres rient aux larmes. — Laissons cette bande & faisons un tour ailleurs.

IL N'Y A PLUS D'ENFANS.

TROISIEME FRAGMENT.

Chez Mad. Durut.

LE MARQUIS DE LIMEFORT (a), MADAME DURUT.

MAD. DURUT, *avec transport.*
Eh! te voilà, mon beau-fils! (*elle lui saute au cou & le dévore de caresses.*)

(a) LE MARQUIS DE LIMEFORT : --- On a parlé, page 13 du dernier numéro du premier volume, de certains parens qu'a le Chevalier de Limefort. Le Marquis est cousin germain. -- Celui-ci est un grand brunet de 32 ans qui plaît sans régularité; fait à peindre; à l'air noble; à la physionomie chevaleresque; vraiment *homme-de-cour*, quoique sans morgue & détestant toute espece d'intrigue : plus voluptueux que tendre; vrai sybarite : malgré cela bon militaire. Brûlant pour ses Maîtres; mais avec juge-

LE MARQUIS.

Tu vois, chere Agathe, un humain qui n'eſt pas encore entré dans Paris; (*il eſt en effet en voyageur*) car il croyait te devoir ſon premier hommage. Certes, je ne ſortirai pas d'ici, ma bonne amie, ſans avoir donné la mort à l'ennui qui courait à franc étrier devant moi depuis Coblence.

MAD. DURUT.

Tu nous reviens donc tout de bon?

LE MARQUIS.

Ah! puiſſe je n'avoir jamais bougé de Paris. Quelques Freres m'imiteront: mais, en revanche, nombre d'autres ont tout-à-fait perdu la tête, &, comme les compagnons d'Uliſſe, ſe ſont laiſſé métamorphoſer.....

MAD. DURUT.

En bêtes?

LE MARQUIS.

Pis encore, s'il était poſſible: & d'autant plus bêtement que je n'ai point vu là-bas de Circé. Les jolies femmes à qui le titre d'en-

---

ment, il n'a pas laiſſé dégénérer en aveuglement ſon *enthouſiaſme pour leur Cauſe ſacrée*. Il a donc eu le bon eſprit de ne pas ſe laiſſer enfiévrer par les charlatans & les bas valets qui lui ſemblent mener & gâter les affaires d'Outre Rhin. Comme *Aphrodite*, le Marquis eſt fort ordinaire, car il ne porte que 7 pouces, mais d'excellente qualité.

chantereffes pourrait convenir, font précisément celles qui ne fe mêlent de rien que de fe divertir. La grande faifeufe d'intrigues & de pots-pourris, dégoûterait bien plutôt que de charmer. N'importe : du grand au petit, les gobemouches en font leur idole... Grand bien leur faffe... (*Il bâille*) Pardon...

MAD. DURUT.

Pauvre Marquis! si je ne craignais de renouveller tes douleurs, je te prierais...

LE MARQUIS.

De te le mettre ? tu me préviens... car depuis deux grands mois...

MAD. DURUT, *fe défendant.*

Tout doux, mon cher : c'est aujourd'hui chez moi vigile & jeûne.

LE MARQUIS, *s'arrêtant.*

Ah! je conçois. Cependant, ma chère Agathe, il faut abfolument.... Tiens.... vois-tu? (*Il produit un boutejoye brûlant & qui donne des signes du plus urgent besoin.*)

MAD. DURUT.

C'est que d'honneur, je ne sais comment t'arranger.

LE MARQUIS.

La belle Céleftine ?

MAD. DURUT.

On la tient.

LE MARQUIS.

Fringante ?

MAD. DURUT.

Elle est occupée.

LE MARQUIS.

Eh bien la poupée d'ébène? Zoé?

MAD. DURUT.

C'est un fort : elle est en affaire aussi.

LE MARQUIS.

Qué diable !... juge donc. (*Il lui prend une main & la porte sur ce qu'on a dit qu'il montre.*)

Sapristi ! c'est du fer.... Mais, en attendant, ceci pourrait-il... (*Elle administre légérement un secours frictif.*)

LE MARQUIS, *se retirant bien vite.*

Non, non, parbleu ! — Quoi donc ? pas une pensionnaire ?...

MAD. DURUT.

Si fait : la petite Mottenfeu, si le cœur t'en dit.

LE MARQUIS.

Comment ! est-elle de retour ?

MAD. DURUT.

Il y a déjà dix semaines.

LE MARQUIS, *après un peu de réflexion.*

Je l'ai tant eue... depuis le collège, & même encore à Londres !

MAD. DURUT.

Pourtant elle est toujours une excellente jouissance ?

LE MARQUIS.

D'accord : mais, je veux du plus frais.

MAD. DURUT.

As-tu cinquante louis à sacrifier ? Je te livre un de mes pucelages...

LE MARQUIS.

Pourquoi pas ! — Justement, j'ai gagné, de colere, 700 louis, en passant par Embs (*a*); je puis donc me passer une fantaisie agréable.

MAD. DURUT.

Que te faut-il ?

LE MARQUIS.

Mais, un pucelage. Ne l'offrais-tu pas ?

MAD. DURUT.

Je voulais dire : Brun ou blond ? Mûr ou verd ? J'ai du 11, du 12, du 13 & du 14 : faisons mieux, viens là dedans. (*elle le conduit dans un cabinet.*) Voici tous les portraits (*b*) renouvellés il y a quinze jours.

LE MARQUIS.

Délicieux !.... Je ne sais ma foi que choisir.... Tiens : cette blondine.

MAD. DURUT.

C'est une fureur ! on en veut toujours à ce petit *mouton qui rêve*. On la nomme Do-

―――――――――――――――

(*a*) Endroit où il y a des bains chauds, à quelque distance de Coblence : on y joue comme à Spa, Aix, & autres coupe-gorges.

(*b*) Ce sont ceux des onze Camillonnes qui composent, avec Zoé leur chef, la douzaine qu'entretient de fondation Mad. Durut.

lente : elle a quatorze ans. La plus jolie taille du monde : tu vois ses grands yeux d'azur, & sa bouche moins fendue qu'eux. Eh bien, malgré cela, je ne te la conseille pas.

LE MARQUIS.

Pourquoi ?

MAD. DURUT.

C'est du *réparé*. J'ai déjà placé quatre fois son imberbe pucelage...

LE MARQUIS.

Ah, Durut! tu te mêles aussi de tricher ! n'as-tu pas de honte !

MAD. DURUT.

Les tems sont durs, il faut de *l'entregent* pour se tirer d'affaire...

LE MARQUIS.

Mais la bonne foi !

MAD. DURUT.

Je n'en dois qu'aux Freres. Aussi vois-tu que je ne veux pas t'attraper. — Je réserve ma Dolente pour un fin Anglais qui se prétend connaisseur, & à qui je veux faire payer cher l'*indéfrichable vertu* d'une petite gueuse qui le trompera d'autant mieux, que, sur l'étiquette du sac, il la prendra pour l'un de ces modeles d'après lesquels peignent les Romanciers de Londres. Moitié naturel, moitié talent, mon ingénue duperait Satan luimême, tout rusé qu'il est... (*Voyant le Marquis occupé d'un portrait.*) Ce que tu considères là, c'est ton fait.

LE MARQUIS.

J'allais te consulter.

MAD. DURUT.

Mademoiselle Violette n'a que 13 ans. Mais si je ne l'avais pas *muselée*, depuis longtems son affaire serait faite : il n'y a pas de *Camillon*, de jardinier & même de marmiton qu'elle n'ait attaqué : par bonheur, de crainte d'être chassés, ils m'ont avertie; d'ailleurs on ne perd rien à maintenir ma police. Bref : c'est, chez Violette, une si belle fureur d'être enfilée, que l'autre jour elle me suppliait de lui donner la clef des champs, si je n'aimais mieux recevoir les six louis qu'elle a de *bon* à la masse, pour que je lui fournisse, n'importe, quelle espece de *fouteur*.

LE MARQUIS, *d'un ton railleur.*

On doit s'estimer fort heureux de servir une jeune personne aussi vivement inspirée. Cependant, est-elle aussi jolie que je la vois là?

MAD. DURUT.

Dix fois mieux : ces croquis, faits à la hâte, ne sont que du premier éleve du peintre attitré. Je te les donne, sans exception, pour fort au-dessous des originaux.

LE MARQUIS.

Je meurs d'impatience d'endoctriner Mlle Violette.

MAD. DURUT.

Tu vas la voir. (*Durut sonne :* — On vé-

pond du dehors à la maniere ufitée. Violette ?
— (*On marque que l'ordre eft entendu.*)

LE MARQUIS, *fa bourfe à la main.*

Voici de l'or, ma bonne amie...

MAD. DURUT, *refufant.*

Eh, fi ! tu te crois donc au bordel ! on ne paye point d'avance. D'abord il faut *avoir vu* : fi ce que je t'offre, ne te parait pas valoir le prix que j'y mets, rien de fait, mon cher. Si l'objet ne te plait pas ; une autre. C'eft ton droit de *Frère* & mon devoir non moins que mon plaifir ; car tu fais, Marquis, que, de tous nos Limeforts (a), c'eft toi que j'ai le plus aimé...

LE MARQUIS.

Comme je fuis celui qui fe pique pour toi des meilleurs fentimens... — (*On frappe d'une certaine manière.*)...

MAD. DURUT, *au Marquis.*

Voici Violette. — Entrez.

(*a*) L'Ordre avait le bonheur alors de poffédez fix *Frères* de ce nom, qui prefque tous étaient dignes de le porter.

LE MARQUIS, MAD. DURUT, VIOLETTE (a.)

A la vue de celle-ci, LE MARQUIS, *pénétré d'étonnement s'écrie :* C'est Hébé !
MAD. DURUT.
Approchez, Violette : voilà Monsieur qui veut bien mettre fin à vos peines.

(a.) VIOLETTE. — Délicieuse brune. Elle est coëffée à l'enfant avec un ruban verd autour de ses cheveux à peine poudrés, & vêtue d'un simple peignoir garni, de mousseline rayée par-dessus une courte chemise de toile d'Hollande. — Tendron pétillant de fraicheur & de santé ; petit front à sept pointes : yeux médiocrement grands, mais *volcaniques* ; larges prunelles noires ; sourcils tracés comme au pinceau. Fossettes aux joues & au menton : couleurs d'une extrême vivacité : joli méplat au bout d'un petit nez en l'air. — Dents courtes merveilleusement rangées & de l'émail le plus sain. Légere dose d'embonpoint. Gorge naissante, fiere & boudeuse, de neige sillonnée d'azur ; fossettes rosées partout où il est joli d'en avoir ; pettons & mainottes du plus agréable modele ; motte relevée, déjà duvetée de filets d'ébène, mais rares & doux ; ce qu'on ne peut appercevoir qu'après avoir démuselé la plus mutine de toutes les moniches de l'hospice. Cette cérémonie n'aura lieu qu'à propos ; mais on ne veut pas faire languir le Lecteur.

VIOLETTE,

(*Se jettant dans les bras de Mad. Durut.*) Ah Maman!

MAD. DURUT.

Petite folle! c'est à lui qu'il fallait courir.

VIOLETTE,

(*Tenant encore Mad. Durut embrassée, promene sur le Marquis un regard examinateur mêlé de crainte & d'espoir.* — Monsieur, que je n'ai jamais vu, pardonnera...

LE MARQUIS, *à Mad. Durut.*

La friponne veut d'abord me juger.

— En même tems Violette s'élance avec un transport fougueux & embrasse le Marquis: mais, au lieu de baiser, elle colle sa tête contre une oreille de l'amateur, se pressant au surplus violemment contre lui.

LE MARQUIS, *continue.*

Elle est charmante!

Durut fait au Marquis des mines qui expriment qu'il trouvera bien du plaisir à posséder cette fillette. — Elle veut ensuite s'esquiver, mais...

VIOLETTE, *s'en appercevant.*

Ah Maman! ne m'abandonnez pas. Restez ici pour m'apprendre ce qu'il faut que je fasse....

LE MARQUIS.

M'embraſſer d'abord, petit Ange, ſi je n'ai pas le malheur de te déplaire.

VIOLETTE,

(*Après l'avoir baiſé convulſivement vingt fois.*) Vous, me déplaire... (*Elle demeure longtems la bouche collée ſur celle du Marquis.*)

LE MARQUIS, *enſuite.*

Eh bien, Durut! ne voilà-t-il pas qui vaut un volume de belles phraſes!

Violette palpite, ſanglotte, & ne peut s'empêcher de plonger ſa main dans les tréſors dont elle eſt prévenue que le Marquis veut bien lui faire part. En même tems Durut vient dénouer une ceinture de ruban violet & les attaches de la collerette. Peignoir, chemiſe, tout eſt enlevé. Un modèle dont Boucher aurait fait ſa pièce à choiſir, (mais dont il n'aurait ſu deſſiner aſſez correctement les beautés infinies) étonne les yeux & les mains du Marquis : celui-ci tranſporte pétulamment Violette ſur une ducheſſe, où déjà Durut a pris place, aſſiſe, ſe propoſant de ſervir d'oreiller à la jeune victime dont Venus va recevoir le ſacrifice délicat... L'ardeur du Marquis eſt ſi grande que la bonne Durut croit devoir lui recommander *des ménagemens*... Soit obéiſſance, ſoit galanterie, ſoit rafinement de volupté, Limefort

prélude

prélude & veut d'abord baiser la plus fraiche de toutes les virginités ; mais Violette rugissante au moindre tact, plante ses doigts dans les cheveux du *languayeur*, & lui donne, en l'attirant violemment, une preuve presque cruelle du plus impatient désir. Il faut y sacrifier toutes les gradations délicates... A peine le glaive du sacrificateur se fait-il sentir que, se poussant au-devant de sa pointe brûlante,

VIOLETTE, *s'écrie.*

Ah Maman ! Maman... enfin on *me le fait !..* Maman... (*Un mélange de lascive frénésie & de vive douleur fait que Violette roule les yeux, siffle des lèvres ; se dérobe à moitié ; puis aussitôt se roidit au-devant de l'instrument de la difficile opération.* — *Elle crie...*) Maman... Ha !... ha !... (*Plus fort & plus brusquement encore.*) Maman !...

Pour le coup l'*inition* est à son comble : & des flots brûlants inaugurent le sanctuaire des plaisirs..... Violette est pendant quelques instans comme morte. Elle a pâli tout à coup : ses dents se sont serrées ; ses yeux fermés clignotent ; son sein bondit avec précipitation. D'une main elle tord les jupes de Durut ; des ongles de l'autre, elle laboure le matelas de la duchesse... Cet état violent dure bien deux minutes, après quoi jettant brusquement ses

bras au cou du Marquis, r'ouvrant les yeux
& lui décochant un baiser à bouche ouver-
te, elle semble vouloir l'engloutir. — *O mon
Dieu ! mon Dieu ! mon Sauveur !* (lui dit-elle)
en sons à peine articulés. — Bientôt après, le
Marquis recommence, ou plutôt il commence seulement alors cette gentille manœuvre,
à laquelle la nature attacha de si délicieux
effets. Violette l'endure avec courage ; en
jouit avec transport. Durut alors, voyant
toutes choses se passer à merveille, substitue un
carreau à ses genoux & se retire.... — On
devine que c'est sans complimens ? — (*Elle
met les heureux sous clef.*)

LE MARQUIS, VIOLETTE.

VIOLETTE,

(*Après avoir pris & donné des soins de pro-
preté.*) O Monsieur ! vous que je ne sais
comment nommer, mais que je vais aimer
toute ma vie... quel bon génie vous a donc
soufflé dans l'oreille de demander Violette ?

LE MARQUIS.

Ton portrait, petite amie. Il n'a fallu qu'y
jetter les yeux pour brûler de t'*avoir*.

VIOLETTE.

Que ç'ait été précisément moi ! comme cela
est heureux ! tandis qu'elles étaient aussi toutes là !

LE MARQUIS.

Je n'y ai vu que Violette....

Elle lui saute au cou & le dévore de baisers....

VIOLETTE.

Si vous vouliez être bien aimable, vous... viendriez tous les jours, tous les jours, entendez-vous ?..... de peur que, voyez-vous bien... car... il se pourrait que Maman voulût... & je ne voudrais pas, moi, que ce fût un autre que vous...

LE MARQUIS, *avec feu.*

L'adorable enfant ! eh bien ! veux-tu, Violette, que je m'arrange avec Durut pour qu'elle te céde à moi ?

VIOLETTE, *avec passion.*

Oh, oui... Tiens : vois-tu... je suis riche : j'ai six louis à la caisse... Je les abandonnerai tout de suite à notre Maman pour qu'elle se procure qui me remplace : & puis, tout ce que la Providence m'enverra d'argent, tout, je le lui donnerai jusqu'à ce qu'elle se croye dédommagée de ne m'avoir plus... car elle m'a tant fait de bien ! je serais bien ingrate de lui faire du tort !

LE MARQUIS, *enchanté.*

La bonne petite ame ! va, mon enfant, ce sera mon affaire.

VIOLETTE.

Oh, mon Roi! comme vous parlez! Il me semble que je vois un Prophête, (*un baiser*) un Saint! (*a*). (*un baiser.*)

LE MARQUIS, *gaîment.*

Tu me fais infiniment d'honneur.

VIOLETTE.

Voyons donc: que je confidere encore un peu cette *affaire* qui m'a fait un si joli mal... Bon Dieu! lui en aurais-je fait auffi! comme la voilà rouge!... Bon jour, beau joujou. (*Elle le baise.*) — O mon cher Monsieur! que vous avez donc bien fait de me demander ce matin! tenez: (*elle tire de sa poche une petite lime d'Angleterre*) voici ce que je m'étais fait apporter hier, pour mes 6 francs, par Gervais, dans un rouleau d'orgeat...

LE MARQUIS.

On ne te friponnait pas mal! à quoi bon cet outil?

VIOLETTE.

Ce soir, Belamour devait travailler à ma fichue ceinture... tu le connais pourtant?..... ô mon Dieu! pardon? je suis une mal apprise..

LE MARQUIS.

Non, non, petit Ange. Tu me fais plaisir. Tu demandais si je connais Belamour? Sans doute: j'ai tant soit peu cet honneur-là.

(*a*) Reste des idées premieres.

VIOLETTE.

Eh bien ? c'eſt un joli garçon, n'eſt-ce pas ?

LE MARQUIS.

Aſſurément.

VIOLETTE.

Je ne dis pas cela parce que nous nous reſſemblons ; mais il m'aime tout plein.... (*elle rougit*) Oh mais, je n'avais pas l'honneur de vous connaître, quand nous ſommes convenus de cela. Il devait ce ſoir... arrive qui plante, briſer le maudit cadenas & puis...

LE MARQUIS, *pour s'amuſer*.

Et puis ?

VIOLETTE.

Dame ! Voyez qu'il eſt malin de vouloir que je lui diſe *quoi* ! — Il y a déjà Bellotte (*a*) & Mimi qui y ont paſſé avec lui... Ne nous vendez pas, du moins ?...

LE MARQUIS.

Je n'ai garde d'abuſer de ta confiance.

VIOLETTE, *avec la gaîté de l'eſpieglerie*.

Bellotte & Mimi qui n'ont qu'onze ans chacune ! & à qui notre Maman n'a pas penſé ſeulement à mettre un *qu'on n'y touche*. Elle appelle cela comme ça.

LE MARQUIS.

Fort bien.

―――――――――――――――

(*a*) Deux camarades de Violette. Bellotte eſt celle qui priait à l'hermitage.

VIOLETTE.

Belamour, comme je dis, leur *a fait cela*. Mais, dur! Elles en font fieres comme des Reines. Oh! si Maman Durut savait!... Elle les étranglerait tous trois...

LE MARQUIS.

Il faut se garder de jaser. Les petits garçons....

VIOLETTE.

Ces imbécilles-là? Nous daignons bien leur parler seulement! Et puis, il faudrait voir qu'ils se donnassent les tons d'observer notre conduite... M. Belamour c'est différent: c'est le Capitaine, celui-ci... Quant aux soldats, c'est Mlle Zoé qui en fait ses choux gras. Elle les prend tous où elle peut les attraper & *Pan!*...... C'est elle déjà qui a fait chasser Loulou.

LE MARQUIS.

Va, c'est assez : je n'ai pas besoin de savoir tout cela, moi.

VIOLETTE.

Est-ce qu'on ne dit donc pas tout à son amoureux? (*Elle le baise.*)

LE MARQUIS, *riant*.

C'est parler : ainsi tu veux bien que je sois ton amoureux?

VIOLETTE.

Belle demande!

LE MARQUIS.

Et Belamour?

VIOLETTE.

Oh! c'était de dépit d'être, comme ça, barricadée. Et puis on a tant d'envie de faire ce qui n'est pas permis! — Voyons, voyons encore : (*elle cherche le boutejoye du Marquis.*) — Le voilà qui dort... dors, dors, mon mignon.... (*le boutejoye bat à la main.*)

LE MARQUIS.

Tu vois qu'il n'a pas le sommeil dur.

VIOLETTE.

Comme il est drôle! (*elle se jette dessus, le reçoit dans sa bouche, le glottine par merveille & lui rend ainsi toute sa premiere vigueur.*)

LE MARQUIS, *s'écriant.*

C'est une Houri! Cette enfant-là fera le bonheur de ma vie. — (*Il n'y tient plus, il la fait relever, l'attire sur lui, jambe de çà, jambe de là, & se plante avec ménagement, attitude si charmante quand on veut filer le plaisir.*)

VIOLETTE, *avec sentiment.*

O bon ami!

Cette séance est longue. Tour à tour Violette folichonne & s'affecte. Elle a pour le coup du *plaisir* presque sans douleur. — A mesure que l'opération s'avance, il leur échappe plus rarement de ces *riens* éloquens que nous n'osons jamais estropier dans le moule du récit. — C'eſt cette fois que l'intelligente autant que voluptueuſe Violette acquiert de grandes lumieres, & prend une haute idée du *jeu* dont elle reçoit ſa troiſieme leçon : la voilà conſommée. — Un extatique & long ſilence caractériſe le crépuſcule de cette jouiſſance, enfin couronnée par un ſonore & mordant baiſer.

QUEL POT-POURRI!

QUATRIEME FRAGMENT.

On franchit quelques détails pour ne pas ennuyer le Lecteur. — Le Marquis donne bien volontiers 50 louis à Mad. Durut, mais, en revanche, celle-ci, pour soutenir un peu noblement le rôle d'*amie des Limeforts*, se détache de Violette & la céde au Marquis. Il se propose de la vêtir en Joquey, son dessein étant de voyager, & les malheurs du tems ne lui permettant pas d'avoir une *maîtresse* sur *un ton* que par bonheur Violette ne connait point. Cette aimable enfant ne pense encore qu'*au plaisir*. En avoir, le devoir à un homme sympathique, & qui remplit son objet, c'est le *nec plus ultrà* de ses vœux: *Sa fortune est faite.* — Durut s'étant abouchée partout, il est décidé qu'on dînera chez la petite Comtesse de Mottenfeu au pavillon des pensionnaires. Les convives féminines seront la Comtesse-architricline; Mlle Serrepine, qui *lui fait Société*; Durut & Célestine: (Fringante est obligée de demeurer *au courant*, tous les Chefs ne pouvant s'absenter à la fois.) — Les Dîneurs masculins sont le Marquis de Limefort, le Prélat, Dard'amour & Fessange. — Après les complimens d'usage entre gens qui se sont vus dans le Monde & aux assemblées de l'Ordre, à trois heures, on se met à table. — Une fois pour toutes, *grande & fine chère*... Chacun ayant ses raisons pour ne pas manquer d'appétit, on mange fort, on boit à l'avenant : ce n'est gueres qu'à l'entremets qu'on peut suivre une conversation : voici quelques lambeaux de celle de cette société.

─────────

LE PRÉLAT.

Ze croyais, moi, que tout était prêt ; que nos Sevaliers français allaient arriver ventre à terre, le sabre à la main, au premier zour, & qu'il n'y avait plus, pour nous autres, qu'à rentrer glorieusement dans nos bénéfices : enfin, qu'il ne s'azissait plus que d'une bonne absolution *in extremis* pour ces Zacobins, & puis pendus, écartelés, grillés...

LE MARQUIS.

Holà, holà, notre féal : vous allez un peu vite en besogne. Le plus pressé peut-être ne serait pas de *remitrer* vos caboches sacrées ; mais si l'on avait pris de sages mesures, on serait sans doute au moment de sauver l'honneur de l'Etat, & de délivrer nos Maîtres...

MAD. DURUT, *vivement.*

Pour le coup voilà bien l'essentiel. L'honneur & nos Maîtres. C'est *parler d'or.* Ce bon Roi qui a toujours & de si bonne foi voulu le bien ! cette charmante Reine... qui a montré plus de tête à elle-seule que toutes les ci-devant cocardes-blanches du Royaume ! — Jour de Dieu ! Je ne suis qu'une putain, mais si...

CELESTINE.

Laisse donc parler le Marquis, ma sœur.

LE MARQUIS.

Je n'ai plus rien à dire. Voilà Mad. de Mottenfeu qui bâille...

LA COMTESSE.

Ce n'est pas d'ennui, mon cher Limefort, sur mon honneur....

LE MARQUIS, *montrant Mlle Serrepine.*

Et Mademoiselle, qui enchérit encore sur vous.

LA COMTESSE.

Elle ! je ne sais pas à propos de quoi. Quant à moi, je n'ai pas cessé de m'en donner cette nuit... Serrepine a couché seule, je crois : & ce matin vers onze heures elle dormait encore.

SERREPINE, (a) *avec apprêt.*

Je bâillais par simpathie : les moindres

(a) MADEMOISELLE SERREPINE : — 27 ans.

mouvemens de Mad. la Comteſſe me font une ſi ſinguliere impreſſion...

Le Marquis, quoique l'homme du monde qui a le plus de ſavoir-vivre, ne peut s'empêcher de hauſſer les épaules.

DARD'AMOUR.
Si bien, M. de Limefort, que, ſelon vous,

Haute & mince haridelle que la petite Comteſſe a ramaſſée ſur le pavé de Londres, où cette Demoiſelle a fait quelques éducations. — Elle eſt née au pays de Vaud, contrée fort ſentimentale qui fournit à une partie de l'Europe des *Mentors-philoſophes* à l'uſage de l'adoleſcence des deux ſexes. L'eſſentielle qualité de Mlle Serrepine eſt d'être adulatrice au ſuperlatif. L'hypocriſie *du cril* marche enſuite. Serrepine a de *l'eſprit*, ſans *jugement*; de la *culture*, ſans *ſavoir*; de la *taille*, ſans *graces*; des *traits*, ſans *charme*. Il n'y a qu'heur & malheur dans ce bas monde. Si Mlle Serrepine, au lieu de ſe marier au jour, à l'heure, s'était fait ſolidement l'épouſe de quelque induſtrieux courtier, que ſait-on ! peut-être jouerait-elle, comme une autre, un certain rôle aujourd'hui. Mais elle adule, au lieu d'être adulée : vile complaiſante du premier être qu'elle peut empaumer, elle eſt toute dévouée aux vices, aux caprices de quiconque peut ajouter quelque choſe aux 100 livres ſterling de penſion qu'on lui a compoſées à la ſuite de ſa carrière pédagogique, glorieuſement conduite d'après les excellens traités de la célebre & très morale C... de G....

nous ne sommes pas si près qu'on le disait de la bienheureuse contre-révolution?

LE MARQUIS.

Je crains fort qu'on ne fasse précisément tout ce qu'il faut pour la rendre impossible. — Des gens, dont, premierement, la mission est tout au moins fort problématique, sont, en outre, divisés entre eux ! appellent *chien* & *chat* au secours ! & pour leur compte, en attendant, bayent aux corneilles ! A quoi voulez-vous que cela mene ? Je les crois trompés de loin ; ajoutant eux-mêmes à leur illusion & jettant sciemment de la poussiere aux yeux d'une multitude de gens dont la plupart sont pleins d'honneur, mais qui, malheureusement, sont d'une déplorable ignorance en fait d'*intérêt général*, si quelques rusés d'entre eux sont d'un pernicieux rafinement en fait d'*intérêts particuliers*.

LE PRÉLAT.

Pas si bêtes, ceux-ci : pas si bêtes.

LE MARQUIS.

Voilà qui est bien *raisonné comme une mitre* ! — Quoiqu'il en soit, on n'a pas manqué de les avertir.

DARD'AMOUR.

Eh bien ?

LE MARQUIS.

Mal en prend à quiconque ose toucher là bas cette corde faible. C'est alors un brouhaha! *Mauvais principes ! Gens dangereux !* Pour les écarter, pour les perdre, toutes les petites baſſeſſes des Sans-culottes ; ſuſpicions haſardées, accueillies, fomentées par les bas-valets, adoptées par les gobemouches & par quiconque croit gagner, à la jugulation du plus *honnête homme*, un de ces pas... qui pourtant, ce me ſemble, ne meneront à rien.

LE PRÉLAT.

Permettez-moi, Marquis : c'eſt pourtant un homme de génie qui conduit tout cela...

LE MARQUIS.

Vous avez à peu-près raiſon : mais le Génie qui tient aux liſières celui que vous imaginez, c'eſt notre mauvais-Génie, celui de nos ennemis. Je le vois qui fait à la fois des ſiennes à Coblence, auſſi bien qu'à Paris. *A bon chat bon rat*, nous dira-t-il un jour...

FESSANGE.

Le Marquis parle comme un oracle : il en a du moins l'obſcurité.

LE MARQUIS.

Pour vous, mon beau Monſieur : j'y conſens. Je n'ai pas le bonheur de vous imiter en tout ; car, de votre naturel, vous êtes fort découvert, & n'avez, dit-on, rien de caché pour vos amis...

MAD. DURUT.

Laiſſons Coblence, mon cher Limefort, & dis-moi ton ſentiment de ce vin de Bourgogne. C'est de la triste dépouille de ce coq-en-pâte d'Abbé de Cîteaux... (*Elle lui envoye un verre & l'on en porte de même à la ronde.*)

LE MARQUIS, *goûtant.*

Délicieux, en vérité.

LA COMTESSE.

Mais la mode en est passée : j'aime bien mieux le vieux Bordeaux...

LE MARQUIS.

Anglaise que vous êtes !

FESSANGE.

Je suis fou, moi, des vins d'Italie.

LE MARQUIS.

On y perce les futailles un peu *du bas*.

SERREPINE.

Tous les vins étrangers du monde ne valent pas, à mon avis, notre vin de la Côte, quand il est d'une bonne année, & qu'il a vieilli dans de bonnes caves...

LE MARQUIS, *ironiquement.*

Assurément. De votre bon vin de la Côte avec une de vos excellentes tartes de prunes, voilà de quoi régaler le Grand-Mogol... Et puis le *ranz des vaches* pendant la colation, car il faut de la musique. Sans musique, point de festins. — A propos, Durut ? pourquoi ne nous as-tu pas donné tes musiciens ?

MAD. DURUT,

Ils sont, dans ce moment, occupés à renforcer d'une lugubre harmonie la profonde tristesse d'un de mes solitaires. — Il faut, parbleu, que je vous conte l'aventure en quatre mots... Quand je dis quatre... & plus.

LA COMTESSE.

Conte, conte nous cela, Durut.

MAD. DURUT.

Un Anglais opulent, voyageant en France, s'était épris d'une fille de bourgeois (superbe, mais tant soit peu coquine) de Marseille. Celle-ci, bien plus touchée des guinées que des grands sentimens dont l'ardent Crésus était également prodigue, l'écouta, le rendit heureux, & consentit à lui appartenir. Mais, se préparant à le suivre, elle trouva moyen de lui faire agréer, en qualité de secrétaire, un prétendu cousin, qui n'était que le plus vigoureux & le plus aimé des galants de sa liste. Le trio parcourut l'Europe, & s'accommoda volontiers de ce genre de vie pendant deux ans qui s'écoulèrent sans l'ombre de trouble dans la petite caravanne. Cependant, comme on se lasse de tout ce qui est monotone, bientôt *Cousine* & *Cousin* s'occupèrent des moyens de se soustraire au contagieux ennui du Patron : il faut convenir que, fort honnête homme, libéral à l'excès & doux jusqu'à la duperie, ce Baronnet est par contre (avec sa politique & sa mélancolie on ne sait à propos de quoi) le plus maussade personnage de l'univers.

La Comtesse.

Mauſſade ! l'homme que tu peins là doit être infiniment aimable à Londres.

Mad. Durut.

A la bonne heure : les aimables de ce genre devraient bien reſter chez eux, au lieu de venir profeſſer & nous enfièvrer chez nous. — Je diſais que la Nymphe & l'Amant-ſecrétaire s'ennuyaient à périr. Ils n'avaient cependant pas perdu la tête. Leur *main* était faite. Ils pouvaient, ſans craindre l'avenir, ſe paſſer enfin du vaporeux Patron. Mais celui-ci était idolâtre de l'*amante*. Quant au rival, judicieuſement il en avait fait ſon *ami*. Mettront-ils le poignard dans le cœur de ce galant-homme en l'abandonnant tous deux à la fois ?... ou, bien plutôt, courront-ils le haſard d'être mépriſés & peut-être ſacrifiés, ſi jamais d'autres ſentimens ſuccédaient dans une ame ſombre & violente à ceux que de gaîté de cœur ils en auraient arrachés ? — Il y avait quelque choſe de mieux à faire : ſi l'Anglais y perdait également, le couple du moins allait y gagner beaucoup : mais buvons..........

Fessange.

Ton hiſtoire ſera-t-elle encore bien longue, ma chere Durut ?

MAD. DURUT, *avec un peu d'humeur.*

Je te cède la parole, si tu es preſſé de nous conter la tienne-propre...

CELESTINE.

Propre ! pas trop.

LE PRÉLAT.

Allons, Feſſanze : c'eſt très mal de couper ainſi le verbe aux zens... Si vous attrapez quelque bon quolibet, ce ſera pour vous apprendre... Pourſuis, ma sère Durut, ze m'intéreſſe tout plein à ces amoureux & à cet Anglais.

MAD. DURUT.

Celui-ci ſe trouvait dans le cas de faire en Ecoſſe un voyage à peu-près secret, & duquel il ne pouvait mettre ni la *maîtreſſe*, ni l'*ami*. La première ſaiſit cet inſtant pour commencer d'être libre. Elle feignit une maladie : au bout de huit jours, on parla de ſa mort. Sur ces entrefaites, le Baronnet, par les ſoins du Secrétaire, apprit à la fois l'un & l'autre accident, mais, avec les funeſtes nouvelles, était parti ce lénitif : ſachant, diſait-il, à quel point la belle Zéphirine était adorée de leur bienfaiteur, il avait pris ſur lui de la faire embaumer. A l'appui de cette impoſture, un rival de Curtius (*a*), bien payé pour

---

(*a*) Du ſieur Curtius qui réunit chez lui ſi brillante & belle compagnie de mannequins.

le secret, avait exécuté la parfaite ressemblance de la fausse-morte en cire, mais les yeux fermés, décolorée, en un mot comme on est quand on n'est plus. Un mannequin galamment costumé, complettait l'illusion. Le tout était renfermé dans une caisse de bois précieux, & sous un premier couvercle de glace ; couvercle que, sous aucun prétexte, il ne faudrait ouvrir, la conservation de l'adorable Momie dépendant absolument du soin de la maintenir inaccessible aux moindres atteintes de l'air. Les choses en étant là, nos mystificateurs attendirent patiemment des nouvelles du voyageur. Comme rien ne pressait plus celui-ci d'accourir, il donna tout le tems nécessaire aux premiers objets de sa tournée, ainsi qu'à ses *profondes douleurs,* espece de jouissances pour les Yongs : mais à travers ses superlatives élégies, celui-ci ne laissa pas de remercier passionnément son *essentiel ami, d'un soin sentimental qui seul pourrait rendre l'avenir supportable au malheureux individu dont la plus chere moitié de lui-même venait de s'éteindre.* (Mad. Durut boit.)

LE MARQUIS.

Voilà bien l'une des plus ridicules folies dont ce siecle de sottise puisse bigarrer ses fastes.

MAD. DURUT.

Le défolé Baronnet revint. Bientôt après l'*effentiel ami*, fous prétexte d'un héritage à recueillir, le laiffa tête-à-tête avec l'effigie, s'en allant, lui, vivre gaîment avec l'enchanteur original, & jouir ainfi d'une double fucceffion. Depuis lors, le fou, plus fou qu'auparavant, a couru le monde, chariant partout, dans une voiture bifarre, l'objet de fon inextinguible ardeur : enfin, il a pris fantaifie à cet homme de paffer quelque tems à Paris, mais fans rien changer à fon ancien genre de vie. Mes Mouches l'ont adroitement avifé de ma *folitude* (a). Il s'y eft fait conduire, il en a été enchanté. — Depuis quinze jours, à peu-près, il y vit dans les délices d'un féjour mortellement beau par la trifteffe qu'il eft fait pour infpirer ; faifant d'ailleurs la chère-françaife la plus délicate ; fe grifant volontiers à *tofter* aux belles formes de la prétendue défunte, qui eft toujours là, debout, en face de la table, & pour laquelle il s'attendrit au fon des plus funèbres morceaux de mufique.

LA COMTESSE.

Il ne faut pas difputer des goûts.

(a) Un autre endroit encore que l'hermitage, & qui en fait partie, mais très féparé du diftrict des penfionnaires.

LE MARQUIS.

On aurait beau dire : ce fou-là finit par être heureux.

MAD. DURUT.

Attendez donc : moi qui connais un peu les humains, & qui me suis d'abord apperçue (car je vois tout) de certains holocauftes d'écolier que l'homme au défefpoir offrait à fa Momie, j'ai entrepris de modifier fa douleur. Déjà, c'est l'une ou l'autre de mes petites qui, par un badinage adroit, tandis qu'il exalte fon ame, lui épargne le matériel procédé du facrifice. Je compte bien lui faire agréer inceffamment un régime encore meilleur... & finalement, fi certain coup que je médite, réuffit...

LE PRÉLAT.

Affève donc, ma sère Durut, peux-tu comme ça nous laiffer l'eau à la bouffe : (*il boit auffitôt un grand verre de vin.*)

MAD. DURUT.

J'ai quelqu'idée que fa Zéphirine fi regrettée, eft la même que certaine Long-pré, mal en point, & qu'on me dit être furieufe contre un inconftant qui l'a volée après lui avoir fait perdre les bontés d'un Anglais prodigue. On eft à vérifier mes foupçons. Si, par bonheur, ils font fondés, je ne manquerai pas de reffufciter Zéphirine. Il n'y a que le diable qui pût lui dire où vit maintenant un homme qu'elle-même aurait peut-être beaucoup d'envie de retrouver. Je fuis donc néceffaire : fi je les réunis, il faudra qu'il en coûte cher à l'Orphée, plus heureux que celui de la Fable. Je fais la fortune à Mad. de Long-pré ; mais elle trouvera bon qu'il tombe, de l'aventure, un millier de guinées, tout au moins, dans la poche d'Agathe.

LA COMTESSE.

Je te les fouhaite de toute mon ame, ma chere Durut. — En attendant, je veux voifiner avec ce Baronnet. Eft-il d'une figure paffable ?

MAD. DURUT.

Mieux que cela.

LA COMTESSE.

Eh bien ! laiffe-moi faire. J'entreprends ton homme. — Dès ce moment, je me conftitue *Sorciere*.... Je fuis.... fille naturelle du fameux St Germain (*a*) &.....

Ayant pour mille maux des fecrets merveilleux,
Je m'amufe à chercher des *fimples* dans ces lieux.

MAD. DURUT.

Je vous prends au mot.

***

(*a*) Non pas du célebre réformateur, l'introducteur *des coups de bâton aux foldats* (pour obtenir une excellente *difcipline militaire* qu'il était fi

LA COMTESSE, *un peu grife.*

Et je prétends que dès demain ton lugubre Baronnet me prenne à la motte.

MAD. DURUT.

Ce font vos belles & bonnes affaires, pourvu que ma fpéculation arrive à bonne fin....

Cet original entretien eft interrompu par le caffé. Dès qu'on l'a pris, on fe leve. — Le Marquis, tout en train de fa petite Violette, la fait venir encore dans un lieu fecret, prend avec elle des arrangemens fixes, & lui donne, fur nouveaux frais, une preuve de fon lubrique engouement. — En même tems, Sa Grandeur, la tête échauffée,

---

intereffant de fubroger à l'*honneur français*, afin qu'un jour il pût y avoir une bonne défection prefque totale de l'armée en faveur des *Sans-culottes*...) mais du célebre *Adepte, contemporain de Jefus-Chrift*, & qui lui avait prédit *qu'il finirait mal, quoique fils de Dieu.* — Ce grand St. Germain a fini lui-même avec très-peu de luftre dans un petit coin du Nord de l'Allemagne, fans avoir laiffé d'éleves ou de *Sectaires* plus forts que *Cagliofro*, perpétuel auffi, reffufcitant les morts, évoquant les ombres, mais qui s'étant laiffé mettre comme un fot au Château St. Ange, y a, dit-on, fini *de fa belle mort*, quoiqu'il fût, fans contredit, très digne de mourir autrement.

(Les vers cités font du rôle de Crifpin dans les *Folies amoureufes* de Régnard. (*l'Editeur.*)

(mais le reste ne l'étant pas) a le caprice de faire représenter sous ses yeux une saturnale. Elle est aussitôt exécutée par les *Servantes* de l'hospice avec ces mêmes robustes *Valets* qui avaient l'honneur de servir Mad. la Comtesse le jour de la station de Fringante avec Trottignac. Le Pot-de-chambre est ici la *Maîtresse* du *Ballet*, & s'y distingue dans un savant *pas de deux* avec le Chef-de-cuisine. — Le détail de ces grossiers ébats ne vaut pas la peine qu'on se donnerait à les décrire. Ils font cependant sur l'engourdi Prélat un effet dont *il se désole de n'oser profiter, de peur d'une indigestion*. — Ailleurs, la Comtesse, avec moins d'égards pour son estomac, chambre le joli Fessange, qui vient de lui donner un caprice. Elle lui fait agréer dix louis: cependant, comme il les gagne assez mal, elle exige qu'il se laisse *postillonner de la grande manière* par un vigoureux Chasseur; expédient qu'on sait capable d'ajouter beaucoup à des moyens équivoques. — Mlle Serrepine, qui déteste le scandale, s'est réfugiée dans la cabane du Sr Gervais, chez qui elle a fait, dès les premiers jours, l'heureuse découverte d'un engin d'onze pouces & demi. Ce fut la première recommandation du malotru pour être admis dans l'hospice: il eût même l'honneur d'y faire, pendant quelques jours, la partie

partie de Mad. Durut, mais celle-ci n'ayant pu obtenir du Provençal qu'il renonçât à l'ail, elle l'a, dès longtems, réformé de la liste de ses *Menus*. Mlle Serrepine, moins délicate, s'accommode fort bien de ce rebut, en cachette des deux valets de la Comtesse, avec lesquels elle conduit, le plus adroitement possible, une double pastorale payée, sans l'ombre d'un regret, d'un quart de sa modeste rente. — Quant à Dard'amour dont la luxure n'a plus de bornes quand il a du vin dans la tête, il s'est abandonné à l'experte Durut pour qu'elle tire de lui le parti qu'elle pourra, tandis qu'il prendra du plaisir à *glottiner*, sous les lunettes que lui font les superbes fesses de Célestine. Durut venant à bout, sans beaucoup d'effort, de remettre le Grand Vicaire en belles dispositions, trouve bon de se l'incruster, & se tire également, à son honneur, de cette seconde expérience. — Toutes ces scènes achevées, chacun songe à la retraite. Le Prélat harassé ramene à Paris ses courtisans rassasiés de jouissances. — Le Marquis, après avoir chargé Durut de tous les soins qu'exige la nouvelle destination de Violette, se rend avec empressement auprès de Mad. de Limefort, ayant eu toutefois l'attention de la faire prévenir, de peur de la surpendre peut-être dans les bras de quelque Cicisbé, ce qui serait non moins embarrassant que *de mauvais genre parmi des gens d'un certain ordre.*

Fin du second Numéro du second Volume.

ERRATA.

Page 12, ligne 3 de la note, celles, *lisez* celle.
----- 27, ligne 17, tous doux, *lisez* tout doux.
----- 35, ligne 5, qui me fait, *lisez* qui me fais.
----- 41, entre *ce qu'il montre* & Sapristi, *lisez* MAD. DURUT.
----- 44, ligne 7, & même, *lisez* ni même.

www.ingramcontent.com/pod-product-compliance
Lightning Source LLC
LaVergne TN
LVHW020959090426
835512LV00009B/1970